nickelodeon

Rubble y el supercachorro

Título original: *Pups Save Apollo*
Primera edición: abril de 2018

Publicado por Penguin Random House Grupo Editorial, S. A. U.
Travessera de Gràcia, 47-49. 08021 Barcelona

Realización editorial: MYR Servicios Editoriales S. L.
Con la colaboración de Daniel Cortés

ISBN: 978-84-488-4991-7
Depósito legal: B-3035-2018
Impreso en Impuls 45
Granollers (Barcelona)
BE49917

Hoy, todos los cachorros se han puesto sus disfraces de superhéroe para ver un maratón de su programa de televisión favorito: *¡Apolo, el superperro!*

Todos juntos corean la frase que cierra cada episodio: «¡Apolo salva a todos a su supermanera!»

Cansados después de ver muchos episodios seguidos, todos los perritos se quedan dormidos menos Rubble.

Mientras se echa otro puñado de palomitas a la boca, empieza un nuevo episodio: «Apolo y el Rey Araña»...

En la tele, Apolo se enfrenta a su peor enemigo, el Rey Araña, que ha secuestrado a todos los conejitos de la ciudad.

El Rey Araña lanza una telaraña a Apolo y lo pega a la pared.

De pronto, Apolo mira directamente a Rubble y le dice:

—¡Rubble, estoy en apuros! ¡Necesito tu ayuda!

¡Rubble no se lo puede creer! ¡Apolo le está hablando desde el otro lado de la pantalla!

—¿Puede venir la Patrulla Canina? —pregunta a Rubble.

—¡Ho-hola, Apolo! ¡Iré a avisar a Ryder! —dice el pequeño bulldog, echando a correr.

Ryder está arreglando su quad cuando Rubble llega a toda prisa y le explica que Apolo necesita su ayuda.

—No te preocupes, Rubble —le dice Ryder—. ¡Tú también eres un superperro! Pero tenemos que ponernos en marcha, la cueva del Rey Araña está muy lejos. ¡No hay nada imposible para la Superpatrulla Canina!

Ryder llama con su Paw Pad a los demás cachorros, que acuden corriendo al Centro de Mando.

Sin perder un segundo, les explica que el Rey Araña ha capturado a Apolo y a todos los conejitos.

—Rocky, necesito que cojas tu camión para romper las telarañas y liberar a los conejitos —dice Ryder—. Skye, tu helicóptero podrá llevarlos a un lugar seguro. Y Rubble, tu excavadora bloqueará la cueva con rocas para que el Rey Araña no pueda escapar.

—¡Rubble a toda máquina!

Ryder y los cachorros llegan a la tenebrosa cueva del Rey Araña. Cuando entran, ven a los pobres conejitos pegados a la pared con telarañas.

—¡Patrulla Canina, habéis venido! —exclama una voz desde el interior de la cueva.

—¡Reconocería esa voz en cualquier parte! —dice Rubble—. ¡Es Superapolo, el perro! ¡No, el perro, Superapolo!

Todos se echan a reír. ¡Rubble está tan nervioso por conocer a su héroe que no acierta a decir bien su nombre!

Apolo está pegado en un punto más alto del que esperaba Ryder.

—Tranquilo, Apolo, te bajaremos enseguida —dice Ryder.

Acto seguido, llama a Marshall y a Chase con su Paw Pad.

—Marshall, vamos a necesitar tu escalera para rescatar a Apolo. Chase, necesitamos otro foco para poder ver en esta cueva tan oscura.

—¡Listo para el guau-guau rescate, Ryder! —ladra Marshall.

Mientras, Rocky utiliza su pinza para desenredar de la pared a los gazapos.

—Guarda esa telaraña por si la necesitamos después —le dice Ryder.

—¡Antes de tirarlo, recíclalo! —asiente Rocky.

Ryder coge a los conejitos y Skye los ayuda a meterse en un transportín atado a su helicóptero.

—Ya os tengo, bonitos —dice a los saltarines animalillos.

Chase y Marshall llegan a la cueva. Chase ilumina la pared para ver dónde está pegado Apolo.

—¡Vaya, Apolo, te has metido en un lío muy pegajoso! —bromea Chase.

Marshall despliega su escalera y Rocky sube corriendo a desenredarlo.

—Gracias, Rocky —dice Apolo—. Llegáis justo a tiempo. Mi superoído está recibiendo vibraciones de... ¡el Rey Araña!

¡Al pobre Rubble le dan miedo las arañas! Pero, con la ayuda de Apolo, tapa la entrada de la cueva con rocas para que la araña gigante no pueda pasar.

¡Los cachorros y Ryder han hecho un gran trabajo en equipo! ¡Pero, justo entonces, el suelo empieza a temblar! El Rey Araña está empujando las rocas para entrar.

¡Crac, croc, plomp! ¡El Rey Araña se acerca! Rubble y Skye corren a rescatar a los conejitos que faltan.

Subid al helicóptero, Skye se lleva el transportín lleno de gazapillos fuera de la cueva.

Mientras tanto, Rocky hace bolas pegajosas con las telarañas para lanzárselas al Rey Araña. Chase apunta su lanzapelotas y Marshall prepara sus cañones de agua.

¡Justo a tiempo, porque una gigantesca pata de araña empieza a asomarse a través de las rocas!

—¡Rocky y Rubble, atacad a esa araña con su propia medicina pegajosa! —dice Ryder.

Los cachorros bombardean al Rey Araña con las bolas de telaraña.

Apolo vuela en círculos en torno al Rey Araña a velocidad supersónica.

¡Disfruta del viaje! —dice Apolo, mientras la araña cae al suelo aturdida.

¡Pero el Rey Araña, todo patas, consigue levantarse de nuevo!

—Rubble, sé que te dan miedo las arañas, pero ¿crees que podrías acercarte lo bastante a él para sacar esa roca del fango? —le pregunta Ryder.

Rubble traga saliva, pero reuniendo valor consigue apartar la roca con la ayuda de Apolo.

Ryder distrae al Rey Araña dando saltos enfrente de él.

—¡A que no me pillas, Rey Araña! —grita.

Justo cuando la gigantesca araña se abalanza hacia él, Ryder se aparta rápidamente ¡y el Rey Araña se cae al resbaladizo fango!

Los cachorros y Ryder salen corriendo de la cueva y empujan una roca gigante hacia la entrada para atrapar dentro al Rey Araña.

—Gracias, Patrulla —dice Apolo—. ¡Sobre todo a ti, Rubble, por enfrentarte a tu miedo a las arañas para salvarnos a todos a tu supermanera!

—¡Ahí va! —dice Rubble, sonrojado por el cumplido de su héroe.

Justo entonces, Rubble nota una patita en el hombro.

—¡Oye, Rubble, despierta! —le dice Rocky—. ¡Te has dormido en mitad del maratón de Apolo, el Superperro!

Rubble abre los ojos.

—¿De verdad? —dice—. Entonces, he salvado a todos a mi supermanera... ¡en sueños!